Kim Marc Alexander Weßeling

Lernvorschläge für die
Unterrichtungen und die Sachkundeprüfung
Im Bewachungsgewerbe gem. §34a GewO
IX - Praxishilfen

Band 9

Bewerbungstraining

Kim Marc Alexander Weßeling

Lernvorschläge für die

Unterrichtungen und die Sachkundeprüfung

Im Bewachungsgewerbe gem. §34a GewO

IX - Praxishilfen

Band 9

Bewerbungstraining

Bibliografische Information Der Deutschen Bibliothek:
Die Deutsche Bibliothek verzeichnet diese Publikation in der Deutschen Nationalbibliografie; detaillierte bibliografische Daten sind im Internet über: <http://dnb.ddb.de> abrufbar.

© 2008 Kim Marc Alexander Weßeling
Herstellung und Verlag: Books on Demand GmbH, Norderstedt
Umschlagfoto: PixelQuelle.de
ISBN: 9783837075991

http://kmawesseling.2page.de

Vorwort

Bevor man überhaupt daran denken kann, eine Bewerbung loszuschicken, gibt es viele Faktoren, die man berücksichtigen muss.

Man muss über die Anforderungen der ausgesuchten Stellung und die eigenen Kompetenzen Klarheit erhalten. Zusätzlich muss man sich im Klaren sein, was man will und was man selbst zu bieten hat.

Auf den folgenden Seiten geht es Schritt für Schritt durch den gesamten Prozess und führt am Ende zu Klarheit und einer sicher begründeten Bewerbung.

Kompetenzen

Es gibt zwei verschiedene Kompetenzfelder, die beachtet und für die man bei sich selbst herausfinden muss, was vorhanden ist.

→ Fachkompetenzen
→ Schlüsselqualifikationen

Fachkompetenzen

Fachkompetenzen sind er erste zentrale Bereich der Personalentwicklung.
Sie sind die für den jeweiligen Beruf erforderlichen Anforderungen an Fachwissen, die man zur Ausübung benötigt.

Welches Fachwissen benötigt wird erschließt sich zum Einen aus der Ausbildung für den jeweiligen Beruf als auch ganz besonders aus den meisten Stellenbeschreibungen in den Jobanzeigen.

Daher muss man feststellen, welche Fachkompetenzen für den gewählten Beruf erforderlich sind, und welche davon man selbst besitzt.

Um dies festzustellen, füllen Sie bitte folgende Tabelle aus und kreuzen Sie zusätzlich die richtige Einschätzung an:

Folgende Fachkompetenzen sind für den von mir gewählten Beruf _____ erforderlich:

Bei mir vorhanden?   Ja ☐   Nein ☐

Bei mir vorhanden?   Ja ☐   Nein ☐

Bei mir vorhanden?   Ja ☐   Nein ☐

Bei mir vorhanden?   Ja ☐   Nein ☐

Bei mir vorhanden?   Ja ☐   Nein ☐

Bei mir vorhanden?   Ja ☐   Nein ☐

Bei mir vorhanden?   Ja ☐   Nein ☐

Bei mir vorhanden?   Ja ☐   Nein ☐

___

Bei mir vorhanden?   Ja ☐   Nein ☐

___

Bei mir vorhanden?   Ja ☐   Nein ☐

___

Bei mir vorhanden?   Ja ☐   Nein ☐

___

Bei mir vorhanden?   Ja ☐   Nein ☐

___

Bei mir vorhanden?   Ja ☐   Nein ☐

___

Bei mir vorhanden?   Ja ☐   Nein ☐

___

Bei mir vorhanden?   Ja ☐   Nein ☐

___

Bei mir vorhanden?   Ja ☐   Nein ☐

___

Bei mir vorhanden?   Ja ☐   Nein ☐

___

Bei mir vorhanden?   Ja ☐   Nein ☐

Wenn Sie alle benötigten Felder ausgefüllt und die Fragen alle mit „Ja" beantworten konnten, sind Sie bereit für den nächsten Schritt.
Sollte eine Frage mit „Nein" beantwortet sein, muss geprüft werden, ob die Berufswahl richtig war, oder eine Lösung über eine vorherige Weiterbildung oder ein Training im potentiellen Betrieb möglich sind.

Schlüsselqualifikationen

Schlüsselqualifikationen dienen dazu, das Fachwissen angemessen einsetzen zu können und damit umgehen zu können und helfen bei der Regelung der zwischenmenschlichen Beziehungen im Beruf.

Sie lassen sich in vier Bereiche aufgliedern:
→ Sozialkompetenz
→ Methodenkompetenz
→ Selbstkompetenz
→ Handlungskompetenz

Sozialkompetenz

Sie besteht aus Fertigkeiten, Fähigkeiten und Kenntnissen, die helfen, in einer Situation in Beziehungen zu anderen Menschen richtig zu handeln.

Sozialkompetenzen sind:
- → Empathie
- → Menschenkenntnis
- → Kritikfähigkeit
- → Wahrnehmung
- → Selbstdisziplin
- → Toleranz
- → Sprachkompetenz
- → Interkulturelle Kompetenz
- → Teamfähigkeit
- → Kooperation
- → Konfliktfähigkeit
- → Kommunikationsfähigkeit
- → Verantwortung
- → Flexibilität
- → Konsequenz
- → Vertrauen
- → Vorbildfunktion
- → Emotionale Intelligenz
- → Engagement

Methodenkompetenz

Dies sind Fertigkeiten, Fähigkeiten und Kenntnisse, die zur Problemlösung befähigen.

Methodenkompetenzen sind:
- → Analysefähigkeit
- → Kreativität
- → Lernbereitschaft
- → Denken in Zusammenhängen
- → Abstraktes Denken
- → Vernetztes Denken
- → Rhetorik

Selbstkompetenz (Personenkompetenz)

Dies sind Fertigkeiten, Fähigkeiten und Kenntnisse, die die eigene Haltung zur Arbeit und Werten zeigen.

Selbstkompetenzen sind:
- → Leistungsbereitschaft
- → Engagement
- → Motivation
- → Flexibilität
- → Kreativität
- → Ausdauer
- → Zuverlässigkeit
- → Selbständigkeit

Handlungskompetenz

Dies ist die Kombination der anderen drei Kompetenzbereiche. Es befähigt zum Umgang mit anderen Menschen, zur Problemlösung und sich der Situation entsprechend zu verhalten.

Kompetenz ist bei jedem Menschen anders und bestimmt seine Fähigkeiten.

Selbstanalyse

Um einschätzen zu können, wie sehr man sich für den angestrebten Job eignet, muss man sich erst einmal über seine eigenen Fähigkeiten und Eigenschaften und die Anforderungen des Jobs klar werden.

Welche Adjektive beschreiben Ihre Persönlichkeit?
Zuerst füllen Sie bitte folgende Liste in einer Minute aus:

Wie beschreibe ich meine Persönlichkeit?

_____

_____

_____

Das gleiche kann man wiederholen, indem man gute Freunde oder Verwandte die Einschätzung über sich wiederholen lässt.

Welche Eigenschaften sind für den Job wichtig?

In der folgenden Liste füllen Sie bitte aus, welche Eigenschaften für den Beruf wichtig sind. Die Skala geht von -2 (überhaupt nicht wichtig) bis +2 (extrem wichtig).

Sympathisch	-2	-1	0	+1	+2
Vertrauenswürdig	-2	-1	0	+1	+2
Vorsichtig	-2	-1	0	+1	+2
Lernbereit	-2	-1	0	+1	+2
Lernfähig	-2	-1	0	+1	+2
Vertrauensvoll	-2	-1	0	+1	+2
Leistungsorientiert	-2	-1	0	+1	+2
Sorgfältig	-2	-1	0	+1	+2
Entscheidungsfreudig	-2	-1	0	+1	+2
Spontan	-2	-1	0	+1	+2
Praktisch	-2	-1	0	+1	+2
Beherrscht	-2	-1	0	+1	+2
Risikobereit	-2	-1	0	+1	+2
Selbstsicher	-2	-1	0	+1	+2
Sensibel	-2	-1	0	+1	+2
Selbständig	-2	-1	0	+1	+2
Offen	-2	-1	0	+1	+2

Willensstark	-2	-1	0	+1	+2
Zurückgezogen	-2	-1	0	+1	+2
Misstrauisch	-2	-1	0	+1	+2
Leidenschaftlich	-2	-1	0	+1	+2
Unkompliziert	-2	-1	0	+1	+2
Fortschrittlich	-2	-1	0	+1	+2
Überzeugungsstark	-2	-1	0	+1	+2
Zwanghaft	-2	-1	0	+1	+2
Verständnisvoll	-2	-1	0	+1	+2
Kontaktfähig	-2	-1	0	+1	+2
Verlässlich	-2	-1	0	+1	+2
Schlagfertig	-2	-1	0	+1	+2
Gründlich	-2	-1	0	+1	+2
Ausgeglichen	-2	-1	0	+1	+2
Kreativ	-2	-1	0	+1	+2
Erfinderisch	-2	-1	0	+1	+2
Selbstbewusst	-2	-1	0	+1	+2
Introvertiert	-2	-1	0	+1	+2
Extravertiert	-2	-1	0	+1	+2

Anpassungsfähig	-2	-1	0	+1	+2
Humorvoll	-2	-1	0	+1	+2
Konservativ	-2	-1	0	+1	+2
Präzise	-2	-1	0	+1	+2
Besorgt	-2	-1	0	+1	+2
Nachdenklich	-2	-1	0	+1	+2
Kooperativ	-2	-1	0	+1	+2
Unerschütterlich	-2	-1	0	+1	+2
Problembewusst	-2	-1	0	+1	+2
Beliebt	-2	-1	0	+1	+2
Vernünftig	-2	-1	0	+1	+2
Teamfähig	-2	-1	0	+1	+2
Kommunikativ	-2	-1	0	+1	+2
Integrationsfähig	-2	-1	0	+1	+2
ruhig	-2	-1	0	+1	+2
Kompromissbereit	-2	-1	0	+1	+2
Tolerant	-2	-1	0	+1	+2
Zuhörbereit	-2	-1	0	+1	+2
Selbstkritisch	-2	-1	0	+1	+2
Empfindlich	-2	-1	0	+1	+2

Hilfsbereit	-2	-1	0	+1	+2
Einfühlsam	-2	-1	0	+1	+2
Gelassen	-2	-1	0	+1	+2
Unparteiisch	-2	-1	0	+1	+2
Gütig	-2	-1	0	+1	+2
Unberechenbar	-2	-1	0	+1	+2
Selbstironisch	-2	-1	0	+1	+2
Aufgeschlossen	-2	-1	0	+1	+2
Belastbar	-2	-1	0	+1	+2
Ausdauernd	-2	-1	0	+1	+2
Zufrieden	-2	-1	0	+1	+2
Aggressiv	-2	-1	0	+1	+2
Dominant	-2	-1	0	+1	+2
Gerecht	-2	-1	0	+1	+2
Verlässlich	-2	-1	0	+1	+2
Wankelmütig	-2	-1	0	+1	+2
Zielstrebig	-2	-1	0	+1	+2
Geduldig	-2	-1	0	+1	+2
Gehemmt	-2	-1	0	+1	+2

Vital	-2	-1	0	+1	+2
Zweifelnd	-2	-1	0	+1	+2
Kompetent	-2	-1	0	+1	+2
Flexibel	-2	-1	0	+1	+2
Aktiv	-2	-1	0	+1	+2
Wagemutig	-2	-1	0	+1	+2
Gefühlsbetont	-2	-1	0	+1	+2
Anspruchsvoll	-2	-1	0	+1	+2
Passiv	-2	-1	0	+1	+2
Liebenswert	-2	-1	0	+1	+2
Gefühlsorientiert	-2	-1	0	+1	+2
Impulsiv	-2	-1	0	+1	+2
Durchsetzungsfähig	-2	-1	0	+1	+2
Furchtsam	-2	-1	0	+1	+2
Sachorientiert	-2	-1	0	+1	+2
Fordernd	-2	-1	0	+1	+2
Höflich	-2	-1	0	+1	+2
Autoritär	-2	-1	0	+1	+2
Pflichtbewusst	-2	-1	0	+1	+2
Verantwortungsbewusst	-2	-1	0	+1	+2

Zuverlässig	-2	-1	0	+1	+2
Freundlich	-2	-1	0	+1	+2
Glücklich	-2	-1	0	+1	+2
Nervös	-2	-1	0	+1	+2
Rechthaberisch	-2	-1	0	+1	+2
Ordnungsliebend	-2	-1	0	+1	+2
Ehrlich	-2	-1	0	+1	+2
Loyal	-2	-1	0	+1	+2
Schwermütig	-2	-1	0	+1	+2
Begeisterungsfähig	-2	-1	0	+1	+2
Intrigant	-2	-1	0	+1	+2
Ordentlich	-2	-1	0	+1	+2
Wählerisch	-2	-1	0	+1	+2
Hartnäckig	-2	-1	0	+1	+2
Liberal	-2	-1	0	+1	+2

Welche Eigenschaften bringe ich mit?

Jetzt machen Sie noch einmal die gleiche Einschätzung für sich selbst. Welche Eigenschaften sind bei Ihnen wie ausgeprägt?

In der folgenden Liste füllen Sie bitte aus, welche Eigenschaften bei Ihnen vorhanden sind. Die Skala geht von -4 (überhaupt nicht ausgeprägt) bis +4 (extrem stark ausgeprägt).

Sympathisch	-2	-1	0	+1	+2
Vertrauenswürdig	-2	-1	0	+1	+2
Vorsichtig	-2	-1	0	+1	+2
Lernbereit	-2	-1	0	+1	+2
Lernfähig	-2	-1	0	+1	+2
Vertrauensvoll	-2	-1	0	+1	+2
Leistungsorientiert	-2	-1	0	+1	+2
Sorgfältig	-2	-1	0	+1	+2
Entscheidungsfreudig	-2	-1	0	+1	+2
Spontan	-2	-1	0	+1	+2
Praktisch	-2	-1	0	+1	+2

Beherrscht	-2	-1	0	+1	+2
Risikobereit	-2	-1	0	+1	+2
Selbstsicher	-2	-1	0	+1	+2
Sensibel	-2	-1	0	+1	+2
Selbständig	-2	-1	0	+1	+2
Offen	-2	-1	0	+1	+2
Willensstark	-2	-1	0	+1	+2
Zurückgezogen	-2	-1	0	+1	+2
Misstrauisch	-2	-1	0	+1	+2
Leidenschaftlich	-2	-1	0	+1	+2
Unkompliziert	-2	-1	0	+1	+2
Fortschrittlich	-2	-1	0	+1	+2
Überzeugungsstark	-2	-1	0	+1	+2
Zwanghaft	-2	-1	0	+1	+2
Verständnisvoll	-2	-1	0	+1	+2
Kontaktfähig	-2	-1	0	+1	+2
Verlässlich	-2	-1	0	+1	+2
Schlagfertig	-2	-1	0	+1	+2
Gründlich	-2	-1	0	+1	+2

Ausgeglichen	-2	-1	0	+1	+2
Kreativ	-2	-1	0	+1	+2
Erfinderisch	-2	-1	0	+1	+2
Selbstbewusst	-2	-1	0	+1	+2
Introvertiert	-2	-1	0	+1	+2
Extravertiert	-2	-1	0	+1	+2
Anpassungsfähig	-2	-1	0	+1	+2
Humorvoll	-2	-1	0	+1	+2
Konservativ	-2	-1	0	+1	+2
Präzise	-2	-1	0	+1	+2
Besorgt	-2	-1	0	+1	+2
Nachdenklich	-2	-1	0	+1	+2
Kooperativ	-2	-1	0	+1	+2
Unerschütterlich	-2	-1	0	+1	+2
Problembewusst	-2	-1	0	+1	+2
Beliebt	-2	-1	0	+1	+2
Vernünftig	-2	-1	0	+1	+2
Teamfähig	-2	-1	0	+1	+2
Kommunikativ	-2	-1	0	+1	+2
Integrationsfähig	-2	-1	0	+1	+2

ruhig	-2	-1	0	+1	+2
Kompromissbereit	-2	-1	0	+1	+2
Tolerant	-2	-1	0	+1	+2
Zuhörbereit	-2	-1	0	+1	+2
Selbstkritisch	-2	-1	0	+1	+2
Empfindlich	-2	-1	0	+1	+2
Hilfsbereit	-2	-1	0	+1	+2
Einfühlsam	-2	-1	0	+1	+2
Gelassen	-2	-1	0	+1	+2
Unparteiisch	-2	-1	0	+1	+2
Gütig	-2	-1	0	+1	+2
Unberechenbar	-2	-1	0	+1	+2
Selbstironisch	-2	-1	0	+1	+2
Aufgeschlossen	-2	-1	0	+1	+2
Belastbar	-2	-1	0	+1	+2
Ausdauernd	-2	-1	0	+1	+2
Zufrieden	-2	-1	0	+1	+2
Aggressiv	-2	-1	0	+1	+2
Dominant	-2	-1	0	+1	+2

Gerecht	-2	-1	0	+1	+2
Verlässlich	-2	-1	0	+1	+2
Wankelmütig	-2	-1	0	+1	+2
Zielstrebig	-2	-1	0	+1	+2
Geduldig	-2	-1	0	+1	+2
Gehemmt	-2	-1	0	+1	+2
Vital	-2	-1	0	+1	+2
Zweifelnd	-2	-1	0	+1	+2
Kompetent	-2	-1	0	+1	+2
Flexibel	-2	-1	0	+1	+2
Aktiv	-2	-1	0	+1	+2
Wagemutig	-2	-1	0	+1	+2
Gefühlsbetont	-2	-1	0	+1	+2
Anspruchsvoll	-2	-1	0	+1	+2
Passiv	-2	-1	0	+1	+2
Liebenswert	-2	-1	0	+1	+2
Gefühlsorientiert	-2	-1	0	+1	+2
Impulsiv	-2	-1	0	+1	+2
Durchsetzungsfähig	-2	-1	0	+1	+2
Furchtsam	-2	-1	0	+1	+2

Sachorientiert	-2	-1	0	+1	+2
Fordernd	-2	-1	0	+1	+2
Höflich	-2	-1	0	+1	+2
Autoritär	-2	-1	0	+1	+2
Pflichtbewusst	-2	-1	0	+1	+2
Verantwortungsbewusst	-2	-1	0	+1	+2
Zuverlässig	-2	-1	0	+1	+2
Freundlich	-2	-1	0	+1	+2
Glücklich	-2	-1	0	+1	+2
Nervös	-2	-1	0	+1	+2
Rechthaberisch	-2	-1	0	+1	+2
Ordnungsliebend	-2	-1	0	+1	+2
Ehrlich	-2	-1	0	+1	+2
Loyal	-2	-1	0	+1	+2
Schwermütig	-2	-1	0	+1	+2
Begeisterungsfähig	-2	-1	0	+1	+2
Intrigant	-2	-1	0	+1	+2
Ordentlich	-2	-1	0	+1	+2
Wählerisch	-2	-1	0	+1	+2

| Hartnäckig | -2 | -1 | 0 | +1 | +2 |
| Liberal | -2 | -1 | 0 | +1 | +2 |

Abgleich

Damit haben Sie jetzt einmal festgestellt, welche Eigenschaften für den Beruf wichtig sind und zum Anderen, welche Eigenschaften auf Sie selbst zutreffen.

Sie können jetzt beide Eigenschaftslisten vergleichen, und sehen, wie weit Sie Eigenschaften mitbringen, die für den Beruf wichtig sind

Stärkenprofil im Beruf

Zum Abschluss füllen Sie bitte folgende Übersicht aus, um sich ein Bild von Ihren Stärken und Schwächen für den Beruf zu machen:

Name: _____

Gelernter Beruf: _____

Angestrebter Beruf: _____

Schlüsselqualifikationen	Soziale Kompetenzen:

_____	_____

_____	_____

_____	_____

_____	_____

_____	_____

_____	_____

_____	_____

_____	_____

_____	_____

_____	_____

Schwächen:				Persönliche Fähigkeiten

_____				_____
_____				_____
_____				_____
_____				_____
_____				_____
_____				_____
_____				_____
_____				_____
_____				_____
_____				_____
_____				_____
_____				_____
_____				_____
_____				_____
_____				_____
_____				_____

Qualifikationen, Erfahrungen, Stärken:

_____

_____

_____

_____

_____

_____

_____

_____

_____

_____

_____

Bewerberprofil

Um das Bewerberprofil zu vervollständigen, muss man jetzt noch einige Informationen zusammenfassen.

Das Bewerberprofil setzt sich zusammen aus:
- → Zielen
- → Lebenslauf
- → Stellenanalyse
- → Qualifikationsprofil

Das Ganze führt dann später zum Bewerbungsschreiben.

Bestandsaufnahme

Um das Bewerberprofil nun vervollständigen zu können, muss noch eine Bestandsaufnahme verschiedener Themen gemacht werden. Das Persönliche Stärkenprofil und den Abgleich mit den Berufsanforderungen ist gemacht.

Nun folgen noch einige Punkte:
- → Schule und Ausbildung
- → Berufserfahrung und Kompetenzen
- → Sonstige Fähigkeiten und Interessen
- → Rahmenbedingungen

Bitte füllen Sie folgende Formulare zu den o.g. Kategorien aus:

Schule und Ausbildung

Schule

Von-bis	Schule	Abschluss
_____	_____	_____
_____	_____	_____

Fachhochschule/Hochschule

Von-bis	Hochschule	Abschluss
_____	_____	_____
_____	_____	_____

Berufsausbildung

Von-bis	Firma	Abschluss /Ausbildung
_____	_____	_____
_____	_____	_____

Zusatzausbildungen / Fachausbildungen

_____

_____

Sonstige Qualifikationen

_____

_____

Fortbildungen

Von-bis	Fachrichtung	Abschluss
_____	_____	_____
_____	_____	_____

Berufserfahrung

Bisherige Tätigkeiten

Von-bis	Firma	Tätigkeit / Position
_____	_____	_____
_____	_____	_____
_____	_____	_____
_____	_____	_____
_____	_____	_____
_____	_____	_____
_____	_____	_____
_____	_____	_____
_____	_____	_____
_____	_____	_____
_____	_____	_____
_____	_____	_____
_____	_____	_____
_____	_____	_____
_____	_____	_____
_____	_____	_____
_____	_____	_____
_____	_____	_____

Sonstige Kenntnisse (PC, Sprachen, etc.)

Fertigkeit

_____

Grundkenntnisse   Fortgeschritten   Sehr gut

☐   ☐   ☐

Fertigkeit

_____

Grundkenntnisse   Fortgeschritten   Sehr gut

☐   ☐   ☐

Fertigkeit

_____

Grundkenntnisse   Fortgeschritten   Sehr gut

☐   ☐   ☐

Fertigkeit

_____

Grundkenntnisse   Fortgeschritten   Sehr gut

☐   ☐   ☐

Berufliche Weiterbildung (Kurse, Seminare)

Kurs

_____

Grundkenntnisse   Fortgeschritten   Sehr gut
☐   ☐   ☐

Kurs

_____

Grundkenntnisse   Fortgeschritten   Sehr gut
☐   ☐   ☐

Kurs

_____

Grundkenntnisse   Fortgeschritten   Sehr gut
☐   ☐   ☐

Kurs

_____

Grundkenntnisse   Fortgeschritten   Sehr gut
☐   ☐   ☐

Kurs

_____

Grundkenntnisse   Fortgeschritten   Sehr gut
☐   ☐   ☐

Kompetenzen in Mitarbeiterführung

Erfahrung mit Führung   Ja ☐   Nein ☐

Erfahrung mit Projektleitung Ja ☐   Nein ☐

Zahl der unterstellten Mitarbeiter   _____

Sonstige Kenntnisse

Hobbys _____

_____

_____

_____

_____

Ehrenamtliche Tätigkeiten _____

_____

_____

_____

_____

Sonstige Fertigkeiten   _____

_____

_____

_____

_____

Stärken und Schwächen

Meine Stärken   _____

_____

_____

_____

_____

Meine Schwächen   _____

_____

_____

_____

_____

Ziele

Um die Vorbereitungen abzuschließen, müssen Sie sich noch klar darüber werden, was Sie im nächsten Job überhaupt wollen.

Was wollen Sie tun, und was sind Sie bereit, dafür zu tun.

Suchkriterien

Maximale Entfernung zum Dienstort
_____km

Sind Sie bereit, den Wohnort zu wechseln?
Ja ☐   Nein ☐

Gibt es einen bevorzugten Ort?
_____

Würden Sie im Ausland arbeiten?
Ja ☐   Nein ☐

In welchem Land?
_____

Welche Stelle suchen Sie?
Teilzeit ☐   Vollzeit ☐   MiniJob ☐

Welche maximale Arbeitszeit ist okay?
_____Stunden pro Woche

Akzeptieren Sie Schicht-/Nachtarbeit?
Ja ☐   Nein ☐

Welche Branche bevorzugen Sie?
_____

Welche Position suchen Sie?
_____

Wie sind Ihre Gehaltsvorstellungen?
_____ € pro Monat Brutto

Haben Sie einen Führerschein?
Ja ☐   Nein ☐

Führerscheinklasse?
_____

Gibt es einen Eintrag im Führungszeugnis?
Ja ☐   Nein ☐

Haben Sie einen Waffenschein?
Ja ☐   Nein ☐

Jobsuche

Bevor Sie nun Bewerbungsunterlagen erstellen können, müssen Sie sich auf die Jobsuche machen. Sie benötigen möglicherweise Informationen aus den Stellenanzeigen, um Ihre Unterlagen darauf abzustimmen.

Informationsquellen

Informationen über freie Stellen kann man aus verschiedenen Quellen beziehen.

Diese sind z.B.:
→ Stellenanzeigen in Zeitungen
→ Bundesagentur für Arbeit
→ Internetseiten von Firmen
→ Stellenanzeigen im Internet
→ Branchenzeitschriften
→ Freunde
→ Bekannte
→ „Vitamin B"

Alternativ kann man sich auch initiativ bewerben, ohne zu wissen, ob ein Unternehmen eine freie Stelle hat. Dazu kann man sich direkt an die Firmen wenden, z.B. mit Informationen aus dem Internet, Branchenbuch, Industrie- und Handelskammer, etc.

Stellenanzeigen auswerten

In den Stellenanzeigen finden sich viele unterschiedliche Informationen, die man für eine gute und aussichtsreiche Bewerbung benötigt. Die Anzeigen sind zwar sehr unterschiedlich, aber sie enthalten immer zumindest einen Teil der Informationen.

Mögliche Informationen in einer Stellenanzeige:
- → Firmenphilosophie
- → Produkte
- → Arbeitsumfeld
- → Ausgeschriebene Position
- → Aufgaben
- → Geforderte Ausbildung (Muss)
- → Gewünschte Fachkenntnisse (Kann)
- → Geforderte Zusatzqualifikation (Muss)
- → Gewünschte Zusatzqualifikation (Kann)
- → Persönliche Voraussetzungen
- → Rahmenbedingungen
- → Entwicklungsmöglichkeiten
- → Sonstiges (Weitere Informationen)
- → Kontaktmöglichkeiten (wie kann man sich bewerben)

Nehmen Sie jetzt ausgesuchte Stellenanzeigen, die Sie zur Bewerbung ausgesucht haben, und schlüsseln Sie diese in die o.g. Teilbereiche auf.

Zusätzlich finden Sie auf der nächsten Seite eine Liste, mit deren Hilfe man die wichtigsten Informationen aus der Anzeige herausziehen kann.

Analyse der Stellenanzeige

Anforderungen an den Bewerber

Schulabschluss _____

Berufsabschluss _____

Fachkenntnisse _____

_____

Berufserfahrung in Jahren _____

Gewünschte Fähigkeiten _____

_____

Geforderte Persönlichkeitsmerkmale _____

_____

_____

_____

Alter _____

Mobilität _____

Sprachen _____

_____

Informationen zur ausgeschriebenen Stelle

Arbeitsort _____

Position _____

Aufgabengebiet _____

Tätigkeitsbeschreibung _____

_____

Kompetenzen _____

_____

Verantwortung _____

Spezialwissen _____

_____

Einzelarbeit _____

Teamarbeit _____

Perspektiven _____

Arbeitszeit _____

Befristung _____

Unternehmensdarstellung

Name _____

Branche _____

Standort _____

Betriebsgröße _____

Marktanteil _____

Image _____

Philosophie _____

Betriebsklima _____

Zusatzangebote des Unternehmens

Einarbeitung _____

Weiterbildung _____

Sozialleistungen _____

_____

Fortbildungsmöglichkeiten _____

Aufstiegsperspektiven _____

Zusatzleistungen _____

_____

Wohnungsbeschaffung _____

Umzugskosten _____

Bewerbungsinformationen

Geforderte Bewerbungsunterlagen

Abgabetermin

Einstellungstermin

Art der Kontaktaufnahme

Ansprechpartner

Bewerbungsunterlagen

Jetzt ist der Punkt gekommen, die Unterlagen für die Bewerbung zu erstellen. Die richtige Form und Präsentation der Unterlagen ist der erste wichtige Schritt, weil damit der Arbeitgeber den ersten Eindruck des Bewerbers erhält.

Anschreiben

Das Anschreiben ist das Erste, was man von Ihrer Bewerbung zu sehen bekommt. Daher muss es gleich mehrere Kriterien erfüllen. Dafür gibt es sogar eine Norm (DIN 5008)

Anforderungen:
→ Ordentlich sein
→ Gut strukturiert
→ Keine Fehler
→ Auf die Anzeige eingehen
→ Ihre Qualitäten aufzeigen
→ Ihre Eignung für die Stelle zeigen
→ Interesse zeigen
→ Freundlich sein
→ Persönliche Anrede wenn möglich
→ Möglichen Eintrittstermin enthalten
→ Gehaltsvorstellung enthalten (wenn ausdrücklich gewünscht)
→ Kurze Sätze
→ Keine Standardformulierungen
→ Individuell sein
→ Angemessene Schriftgröße (12pt)
→ Nur eine Seite
→ Weißes Papier

Auf der folgenden Seite finden Sie ein Muster für ein Anschreiben: (erst das Layout und dann noch einmal den Text zum Nachlesen)

Max Mustermann 20.10.2008
Musterstraße 1
48143 Münster
Tel. 0251 - 12 34 56 78 9
abc@xyz.de

XY GmbH
Herr Hans Muster
Himmelgasse 3
48143 Münster

Ihre Anzeige „Sicherheitsfachkraft" in den Westfälischen Nachrichten vom 19.10.2008

Sehr geehrter Herr Muster,

mit großem Interesse habe ich Ihre Anzeigen in den „Westfälischen Nachrichten" gelesen und bin mir sicher, aufgrund meiner Qualifikationen Ihr Sicherheitsteam ideal ergänzen zu können.

Nach meiner Ausbildung zum Berufskraftfahrer war ich zehn Jahre bei der Firma ABC GmbH als Kraftfahrer beschäftigt. Zuletzt habe ich bei der Firma DEF GmbH fünf Jahre als Kraftfahrer gearbeitet. Momentan nehme ich an einer Weiterbildung zur Sicherheitsfachkraft bei der GHI GmbH teil, an deren Ende ich am 25.10.2008 die Sachkundeprüfung gem. §34a GewO ablegen werde.

Durch ein Praktikum bei der JKL GmbH bin ich mit den einzelnen Arbeitsvorgängen sehr vertraut. Die erfolgreiche Zusammenarbeit mit den Kunden und die disziplinierte Ausführung meines Dienstes sowie die zielgerichtete Teamarbeit waren stets mein Anspruch an meine beruflichen Tätigkeiten in den Unternehmen. Flexibilität und Zuverlässigkeit waren die Grundpfeiler meiner Arbeit.

Die Vielfältigkeit der Aufgaben ermöglichte mir die Weiterbildung meiner fachlichen, sozialen und organisatorischen Fähigkeiten und Fertigkeiten.

Ich freue mich auf neue berufliche Herausforderungen und stehe Ihnen gern zu einem persönlichen Gespräch zur Verfügung.

Mit freundlichen Grüßen

Anlagen

Max Mustermann 20.10.2008
Musterstraße 1
48143 Münster
Tel. 0251 - 12 34 56 78 9
abc@xyz.de

XY GmbH
Herr Hans Muster
Himmelgasse 3
48143 Münster

Ihre Anzeige „Sicherheitsfachkraft" in den Westfälischen Nachrichten vom 19.10.2008

Sehr geehrter Herr Muster,

mit großem Interesse habe ich Ihre Anzeigen in den „Westfälischen Nachrichten" gelesen und bin mir sicher, aufgrund meiner Qualifikationen Ihr Sicherheitsteam ideal ergänzen zu können.

Nach meiner Ausbildung zum Berufskraftfahrer war ich zehn Jahre bei der Firma ABC GmbH als Kraftfahrer beschäftigt. Zuletzt habe ich bei der Firma DEF GmbH fünf Jahre als Kraftfahrer gearbeitet. Momentan nehme ich an einer Weiterbildung zur Sicherheitsfachkraft bei der GHI GmbH teil, an deren Ende ich am 25.10.2008 die Sachkundeprüfung gem. §34a GewO ablegen werde.

Durch ein Praktikum bei der JKL GmbH bin ich mit den einzelnen Arbeitsvorgängen sehr vertraut. Die erfolgreiche Zusammenarbeit mit den Kunden und die disziplinierte Ausführung meines Dienstes sowie die zielgerichtete Teamarbeit waren stets mein Anspruch an meine beruflichen

Tätigkeiten in den Unternehmen. Flexibilität und Zuverlässigkeit waren die Grundpfeiler meiner Arbeit.

Die Vielfältigkeit der Aufgaben ermöglichte mir die Weiterbildung meiner fachlichen, sozialen und organisatorischen Fähigkeiten und Fertigkeiten.

Ich freue mich auf neue berufliche Herausforderungen und stehe Ihnen gern zu einem persönlichen Gespräch zur Verfügung.

Mit freundlichen Grüßen

Anlagen

Das Anschreiben muss natürlich individuell für die jeweils ausgeschriebene Stelle überarbeitet werden.
Jede Stelle stellt Anforderungen an spezielle Fähigkeiten und diese müssen im Anschreiben auch Beachtung finden.

Deckblatt

Zu jeder guten Bewerbung gehört auch ein Deckblatt, das dem Arbeitgeber einen kurzen Überblick gibt, worauf sich die Bewerbung bezieht und wer sich bewirbt.

Das Deckblatt sollte folgendes enthalten:
→ Worum geht es allgemein?
→ Worum geht es speziell?
→ Name
→ Vorname
→ Anschrift
→ Telefon
→ Email

Auf den folgenden Seiten finden Sie zwei Muster für die Erstellung eines Deckblatts.

Bewerbung

Als	Sicherheitsfachkraft
Vorname:	Max
Nachname:	Mustermann
Anschrift:	Musterstraße 1 48143 Münster
Telefon	0251 - 12 34 56 78 9
Email	abc@xyz.de

Bewerbung

als

Sicherheitsfachkraft

Max Mustermann

Musterstraße 1
48143 Münster

Tel: 0251 / 12 34 56 78 9
E-Mail: abc@xyz.de

Lebenslauf

Der nächste wichtige Punkt ist Ihr Lebenslauf. Wenn Ihr Anschreiben das Interesse des Arbeitgebers geweckt hat, wird man sich als nächstes den Lebenslauf ansehen.
Auch für Inhalt und Aufbau des Lebenslaufs gibt es einige Regeln, die beachtet werden sollten

Inhalt:
Persönliche Daten
Schulen und Abschlüsse
Studium
Berufsausbildung
Berufspraxis (lückenlos)
Wehr- oder Ersatzdienst
Erziehungszeiten
Berufliche Weiterbildung
Außerberufliche Weiterbildung
Hobbys
Ehrenamtliche Tätigkeiten

Aufbau:
Kurz
Klar gegliedert
Weißes Papier
Am PC erstellt
1 bis 1,5 Seiten
Keine Fehler
Sauber
Ordentlich
Chronologisch oder thematisch
Mit Foto (kann auch auf das Deckblatt)
Ort
Datum
Unterschrift

Wenn man den Lebenslauf chronologisch aufbaut, hat man zwei Möglichkeiten. Man kann mit der Ausbildung beginnen und dann die Berufspraxis bis heute beschreiben. Heute kann man aber auch das so genannte „Englische Modell" nutzen und zuerst die aktuellste Tätigkeit beschreiben. Bei den Musterbeispielen finden Sie beides.

Auf den folgenden Seiten finden Sie Musterbeispiele für Lebensläufe.

Lebenslauf

Name:	Max Mustermann
Anschrift:	Musterstraße 1 48143 Münster
Geburtstag/-ort:	19. August 1900
Familienstand:	ledig

Schulbildung

Aug. '07 – Juli '11	Grundschule Münster
Aug. '11 – Juli '18	Gymnasium Münster Abitur

Berufsausbildung

Sept. '18 – Juli '21	Berufskraftfahrer ABC GmbH Münster

Berufspraxis

Aug. '21 – Juli '25	Berufskraftfahrer ABC GmbH Münster
Aug. '25 – Juli '28	Berufskraftfahrer DEF GmbH Münster
Aug. '28 – Juli '29	Berufskraftfahrer GHZ GmbH Münster
Aug. '30 – Juli '31	Berufskraftfahrer LKI GmbH Münster
Seit April 1931	Arbeit suchend

Münster, 20.05.1931　　　　　　　　　　　　　　　　　　　Unterschrift

Lebenslauf

Name: Max Mustermann
Anschrift: Musterstraße 1
48143 Münster
Geburtstag: 19. August 1900
Geburtsort: Münster
Familienstand: ledig

Foto

Schulbildung

Aug. '07 – Juli '11 Grundschule Münster
Aug. '11 – Juli '18 Gymnasium Münster
Abitur

Berufsausbildung

Sept. '18 – Juli '21 Berufskraftfahrer
ABC GmbH Münster

Berufspraxis

Aug. '21 – Juli '25 Berufskraftfahrer bei ABC GmbH MS
•Beladen von Fahrzeugen
•Ausfahren von Paketen

Aug. '25 – Juli '28 Berufskraftfahrer bei DEF GmbH Münster
•Beladen von Fahrzeugen
•Ausfahren von Paketen

Aug. '28 – Juli '29 Berufskraftfahrer bei GHZ GmbH MS
•Beladen von Fahrzeugen
•Ausfahren von Paketen

Aug. '30 – Juli '31 Berufskraftfahrer bei GmbH Münster
•Beladen von Fahrzeugen
•Ausfahren von Paketen

Seit April 1931 Arbeit suchend

Sonstiges

Führerschein Klasse 3, Englisch in Wort und Schrift, Windows XP

Münster, 20.05.1931 Unterschrift

Lebenslauf

Foto

Max Mustermann
Musterstraße 1
48143 Münster
0251-12 34 56 78 9

Persönliche Daten

Geburtstag: 19. August 1900
Geburtsort: Münster
Familienstand: ledig
Staatsangehörigkeit: Deutsch

Schulbildung

Aug. '07 – Juli '11   Grundschule Münster
Aug. '11 – Juli '18   Gymnasium Münster
                               Abitur

Berufsausbildung

Sept. '18 – Juli '21   Berufskraftfahrer
                               ABC GmbH Münster

Wehrdienst

Aug. '14 – Mai '15   XYZ-Kaserne Goslar

Berufspraxis

Aug. '21 – Juli '25   Berufskraftfahrer
                               ABC GmbH Münster
Aug. '25 – Juli '28   Berufskraftfahrer
                               DEF GmbH Münster
Aug. '28 – Juli '29   Berufskraftfahrer
                               GHZ GmbH Münster
Aug. '30 – Juli '31   Berufskraftfahrer
                               LKI GmbH Münster
Seit April 1931   Arbeit suchend

Besondere Kenntnisse

Führerschein: Klasse 3
Sprachen: Englisch in Wort und Schrift
EDV: Windows XP

Münster, 20.05.1931   Unterschrift

Lebenslauf

Persönliche Daten _____

Max Mustermann
Geboren am 19. August 1900 in Münster

Musterstraße 1
48143 Münster
Tel.: 0251-12 34 56 78 9

Schul- und Berufsausbildung _____

Aug. '07 – Juli '11	Grundschule Münster
Aug. '11 – Juli '18	Gymnasium Münster Abitur
Sept. '18 – Juli '21	Berufskraftfahrer ABC GmbH Münster

Berufserfahrung _____

Aug. '21 – Juli '25	Berufskraftfahrer bei ABC GmbH MS •Beladen von Fahrzeugen •Ausfahren von Paketen
Aug. '25 – Juli '28	Berufskraftfahrer bei DEF GmbH Münster •Beladen von Fahrzeugen •Ausfahren von Paketen
Aug. '28 – Juli '29	Berufskraftfahrer bei GHZ GmbH MS •Beladen von Fahrzeugen •Ausfahren von Paketen
Aug. '30 – Juli '31	Berufskraftfahrer bei GmbH Münster •Beladen von Fahrzeugen •Ausfahren von Paketen
Seit April 1931	Arbeit suchend

Besondere Kenntnisse und Fähigkeiten _____

Englisch:	Grundkenntnisse, ausreichend für einfachen Kundenkontakt
EDV:	Windows XP, Microsoft Office
Führerschein:	Klasse B

Hobbys _____

Fußball, Joggen

Münster, 20.05.1931   Unterschrift

Lebenslauf

Max Mustermann
Musterstraße 1
48143 Münster
0251-12 34 56 78 9
abc@xyz.de

Geburtstag: 19.08.1900

Geburtsort: Münster

Familienstand: ledig

Berufserfahrung:

Seit April 1931	Arbeit suchend
08/30 – 07/31	Berufskraftfahrer bei ABC GmbH MS
08/28 – 07/29	Berufskraftfahrer bei DEF GmbH Münster
08/25 – 07/28	Berufskraftfahrer bei GHZ GmbH MS
08/21 – 07/25	Berufskraftfahrer bei LKI GmbH Münster

Berufsausbildung:

02/06 – 05/31	Sachkundeprüfung gem. §34a Gewerbeordnung
Sept. '18 – Juli '21	Berufskraftfahrer ABC GmbH Münster

Schulbildung:

08/11 – 07/18	Gymnasium Münster Abitur
08/07 – 07/11	Grundschule Münster

Besondere Kenntnisse:

Führerschein:	Klasse 3
Fremdsprachen:	Englisch in Wort und Schrift, Spanisch / Französisch Grundkenntnisse
EDV:	Windows 95/98/XP, Office 2000, Star Office

Münster, 18.08.1931   Unterschrift

Das waren verschiedene Möglichkeiten, einen Lebenslauf zu gestalten. Das sollte Ihnen einen Anhalt für die Gestaltung Ihres eigenen Lebenslaufs geben. Welche Art Sie wählen, bleibt Ihnen überlassen.

Tätigkeitsprofil

In einigen Fällen kann es auch Sinn machen, ebenfalls zum Lebenslauf ein Tätigkeitsprofil beizufügen. In einem Tätigkeitsprofil kann man detailliert darstellen, welche Tätigkeiten man ausgeführt hat und auch welche Kompetenzen man hatte.

Beispiel für die Gestaltung eines Tätigkeitsprofils

Tätigkeitsprofil von „Vorname Name"

Beschäftigter / Angestellter in der Firma

„Name, Ort, Position, von – bis"

Tätigkeiten

- → Tätigkeit 1 (Beschreibung)
- → Tätigkeit 2 (Beschreibung)
- → Tätigkeit 3 (Beschreibung)
- → Tätigkeit 4 (Beschreibung)
- → Tätigkeit 5 (Beschreibung)
- → Tätigkeit 6 (Beschreibung)
- → Tätigkeit 7 (Beschreibung)
- → Tätigkeit 8 (Beschreibung)
- → Tätigkeit 9 (Beschreibung)
- → Tätigkeit 10 (Beschreibung)
- → Tätigkeit 11 (Beschreibung)
- → Tätigkeit 12 (Beschreibung)

Und so geht man für jede Stelle vor, die man hatte.

Anlagen

In die Bewerbung gehören jetzt noch einige Unterlagen als Anlagen.
Schicken Sie als Anlage mit, was für die Stelle von Bedeutung ist, für die Sie sich bewerben.
Grundsätzlich gilt: Keine Originale schicken sondern Kopien.

Mögliche Anlagen:
→ Schulzeugnisse
→ Berufsschulzeugnisse
→ Hochschulzeugnisse
→ Arbeitszeugnisse
→ Weiterbildungszertifikate
→ Seminarbescheinigungen

Versand

Jetzt sind die Unterlagen endlich fertig und bereit zum Versand.
Vor dem Versand sollte man noch einmal alles überprüfen und sichergehen, dass alles in Ordnung ist.

Abschluss-Check
→ Unterlagen vollständig?
→ Auf Fehler geprüft?
→ Kopierqualität okay?
→ Richtige Versandtasche?
→ Adressat richtig?
→ Absender richtig?
→ Adressat auf Versandtasche und in Anschreiben gleich?
→ Richtige Briefmarke? (Sondermarken besser als Standardmarken)

Wenn Sie alle diese Punkte beachtet haben, kann es endlich losgehen. Ab mit der Bewerbung zur Post und dann abwarten bis zur Einladung zum Bewerbungsgespräch.

Alternative Bewerbungsformen

Zusätzlich gibt es noch andere Möglichkeiten, sich zu bewerben.

Diese sind:
Kurzbewerbung
Bewerbung per Email
Persönliche Bewerbung

Kurzbewerbung

Bei Initiativbewerbungen lohnt es sich aus Kostengründen, eine Kurzbewerbung zu versenden.

Inhalt:
→ Anschreiben
→ Lebenslauf
→ Foto

Bewerbung per Email

In manchen Fällen kann man auch eine Bewerbung per Email schicken, manche Unternehmen wünschen dies sogar. Bei einer Bewerbung per Email sollte das gleiche verschickt werden wie bei einer Kurzbewerbung.

Man sollte aber beachten:
- → Eigene Email-Adresse nicht vergessen
- → Rechtschreibung beachten
- → Anschreiben muss enthalten sein
- → Lebenslauf muss enthalten sein
- → Homepage-Link einfügen wenn vorhanden
- → Email nur einmal versenden
- → Kurz Absicht erwähnen und Rest in Anhang
- → Nur gängige Dateiformate verwenden
- → Email darf nicht zu groß werden (Providergrenzen)

Das Bewerbungsgespräch

Auch das Bewerbungsgespräch selbst benötigt eine gewisse Vorbereitung. Beim Gespräch gibt es einige Punkte, die man beachten sollte.

→ Vorbereitung mit Informationen
→ Kleidung
→ Angebotene Getränke
→ Rauchen
→ Körperhaltung
→ Sprache
→ Begrüßung
→ Standardfragen der Einstellenden

Vorbereitung mit Informationen

Vor einem Vorstellungsgespräch sollte man alle benötigten Informationen zusammentragen. Dazu gehören unter anderem:

→ Informationen über das Unternehmen (Internet, etc.)
→ Details zur Stelle, um die man sich bewirbt
→ Brancheninformationen
→ Einsatzgebiete
→ Arbeitszeiten
→ Gehaltsvorstellungen
→ Warum man diesen Job haben möchte

Weiteres wird in einem späteren Abschnitt klar, wo sich eine Aufstellung von häufig genutzten Standardfragen der Einstellenden aufgelistet sind.

Kleidung

Man sollte in jedem Fall auf ein gepflegtes Äusseres für ein Vorstellungsgespräch achten. Für die meisten Stellen ist es wünschenswert, einen Anzug bzw. ein Kostüm zu tragen. Für bestimmte Stellen (z.b. Lagerarbeit, McDonalds) könnte dies etwas zu viel sein und man kann in gepflegter „normaler" Kleidung erscheinen. Ein Hemd oder eine Bluse sollten aber immer das Minimum sein. Eine ordentliche Frisur und Hygiene gehören aber ebenfalls dazu wie eine adäquate Kleidung.

Angebotene Getränke

Man sollte sehr zurückhaltend sein, wenn einem etwas zu Trinken angeboten wird. Es ist in Ordnung, Kaffee, Tee, Wasser anzunehmen, wenn der Gastgeber ebenfalls etwas zu sich nimmt.
Auf keinen Fall sollte man irgendwelche extravaganten Wünsche äußern.
Das Beste ist immer noch, genau das Angebotene anzunehmen.
Alkohol ist aber absolut tabu bei einem Bewerbungsgespräch.

Rauchen

Auf keinen Fall sollte man bei einem Bewerbungsgespräch rauchen.

Körperhaltung

Man sollte eine offene Haltung einnehmen. Eine abwehrende Körperhaltung, z.b. verschränkte Arme, hat die Folge, dass der Fragende einen negativen Eindruck bekommt. Die Körpersprache macht einen großen Teil der Kommunikation aus und ist daher auch ein wichtiger Bestandteil.
Daher ist es auch wichtig, zusätzlich zur offenen auch eine angemessene Haltung einzunehmen. „Rumlümmeln" ist bei einem Bewerbungsgespräch nicht angebracht.
Die Hände sollten im eigenen Schoß ruhen und nur sehr zurückhaltend eingesetzt werden, um Argumente zu unterstreichen. Nervöse Gesten mit den Händen verraten zu viel.
Und abschließend ist natürlich in Lächeln bei einem solchen Gespräch immer angebracht.

Sprache

Die Sprache sollte ruhig, freundlich und überlegt sein. Kurze Pausen helfen der eigene Konzentration und stellen sicher, dass man nicht unüberlegt „drauflos plappert" oder man zu stottern beginnt.
Ein zu freundschaftlicher oder sogar kumpelhafter Ton sollte vermieden werden.
Insgesamt sollte man das Gespräch durchweg professionell führen.

Begrüßung

Begrüßen Sie Ihr Gegenüber und alle Anwesenden mit festem Händedruck, Allerdings ist es kein Machtspiel um herauszufinden, wer am festesten drücken kann. Der höherrangige oder ältere muss die Hand anbieten.
Merken Sie sich alle Namen. Eine persönliche Anrede ab und an im Gespräch kommt gut an.

Standardfragen der Einstellenden

Es gibt eine Reihe von Fragen, die immer wieder von den Personalbeauftragten an potentielle Bewerber gestellt werden. Wenn Sie sich vor einem Gespräch Gedanken über die Antworten zu solchen Fragen machen, werden Sie nicht überrascht und zeigen keine Schwächen.
Nachfolgend findet sich eine beispielhafte Aufstellung häufig gestellter Fragen.

1. Erzählen Sie etwas über sich!

2. Wo würden Sie am Liebsten leben?

3. Wie steht Ihr Partner zu Ihrer Bewerbung?

4. Wie können Sie Familie und Beruf miteinander vereinbaren?

5. Was machen Sie in Ihrer Freizeit?

6. Welche Hobbys haben Sie?

7. Treiben Sie Sport?

8. Welche Fächer haben Ihnen in der Schule besonders Spaß gemacht?

9. Welche Fächer haben Ihnen in der Schule am Wenigsten Spaß gemacht?

10. Was würden Sie heute lernen, wenn Sie sich noch einmal entscheiden könnten?

11. Was würden Sie heute studieren, wenn Sie sich noch einmal entscheiden könnten?

12. Erzählen Sie uns doch einmal etwas in Kürze über Ihre Examensarbeit!

13. Erzählen Sie uns doch einmal etwas in Kürze über Ihre Diplomarbeit!

14. Halten Sie Ihren Ausbildungsweg für konsequent?

15. Halten Sie Ihren Berufsweg für konsequent?

16. Warum wollen Sie sich beruflich verändern?

17. Warum möchten Sie gerade bei uns anfangen?

18. Warum sollten wir gerade Sie einstellen?

19. Wie haben sich Ihre ursprünglichen Erwartungen im beruflichen Bereich erfüllt?

20. Was hat Ihnen bei Ihrer letzten Tätigkeit am Meisten gefallen?

21. Was hat Ihnen bei Ihrer letzten Tätigkeit am Wenigsten gefallen?

22. Wie groß waren Ihre Kompetenzen?

23. Was war Ihr Aufgabenbereich?

24. Welche neuen Ideen konnten Sie während dieser Tätigkeit vortragen?

25. Welche neuen Ideen konnten Sie während dieser Tätigkeit realisieren?

26. Bitte nennen Sie drei schwierige Situationen, vor denen Sie in letzter Zeit standen!

27. Wie haben Sie diese gelöst?
28. Warum haben Sie den Arbeitgeber so häufig gewechselt?
29. Warum haben Sie den Arbeitgeber so selten gewechselt?
30. Warum wollen Sie Ihre derzeitige Firma verlassen?
31. Warum wollen Sie Ihren Arbeitsplatz wechseln?
32. Warum wurde Ihnen gekündigt?
33. Was ist Ihnen für Ihren Arbeitsplatz besonders wichtig?
34. Unter welchen Bedingungen arbeiten Sie am Liebsten?
35. Würden Sie sich bitte kurz charakterisieren?
36. Was sind Ihre persönlichen Stärken?
37. Was sind Ihre persönlichen Schwächen?
38. Warum sind Sie Ihrer Meinung nach für diese Stelle geeignet?
39. Was verstehen Sie unter Erfolg?
40. Was waren Ihre größten Erfolge?
41. Was waren Ihre größten Leistungen?
42. Was waren Ihre größten Misserfolge?
43. Was wünschen Sie sich als berufliche Perspektive?

44. Wo möchten Sie in fünf Jahren stehen?

45. Wie lange wollen Sie bei uns bleiben?

46. Was wissen Sie über unser Unternehmen?

47. Welche Aussage in unserer Anzeige hat Sie besonders angesprochen?

48. Warum bewerben Sie sich bei unserer Firma?

49. Warum bewerben Sie sich auf diese Stelle?

50. Was reizt Sie an dieser Stelle?

51. Haben Sie sich noch woanders beworben?

52. Was denken Sie: Wie lange werden Sie brauchen, um sich bei uns einzuarbeiten?

53. Was sind Ihre Gehaltsvorstellungen?

54. Wann können Sie bei uns anfangen?

55. Wie flexibel sind Sie?

Hören Sie genau hin.
Beantworten Sie die Fragen so genau wie möglich.
Schweifen Sie nicht ab.
Nehmen Sie Ihr Gegenüber so ernst, wie Sie auch ernst genommen werden möchten.

Zulässige Fragen

Zulässig sind Fragen nach:
→ Namen
→ Wohnsitz
→ Geburtsdatum
→ Familienstand
→ Zahl und Alter der Kinder
→ Staatsangehörigkeit
→ Schulbildung einschließlich Abschlüssen
→ Berufsausbildung einschließlich Abschlüssen
→ Fremdsprachen
→ Arbeitszeugnisse
→ Wehr- und Ersatzdienst.
→ Bewerbung aus ungekündigtem Arbeitsverhältnis
→ Bewerbung aus Arbeitslosigkeit
→ Nebentätigkeit
→ Schwerbehinderung

Zulässig unter bestimmten Voraussetzungen:
→ Vermögensverhältnisse
→ Schulden
→ Lohnpfändung
→ Gesundheitszustand
→ Vorstrafen
→ Sexuelle Orientierung

Unzulässige Fragen

Grundsätzlich kann der Arbeitgeber nach allem fragen, was für die Anstellung wichtig ist.

Einige Themen sind aber grundsätzlich untersagt:
→ Schwangerschaft
→ Religionszugehörigkeit
→ Parteienzugehörigkeit
→ Gewerkschaftszugehörigkeit

Eigene Nachfragen

Eigene Fragen haben zwei Funktionen.
Ersten zeigt man damit Interesse am Gespräch.
Zweitens ist es aber auch sehr wichtig, alle offenen Fragen zu klären, die im Gespräch noch nicht geklärt sind.
Daher sollte man sich bereits vorher überlegen, welche Fragen man in dem Gespräch unbedingt geklärt haben möchte.
Allerdings sollte man nicht als Erstes nach Gehalt oder Urlaub fragen sondern mit Fragen nach Arbeitsabläufen o.ä.
beginnen.
Auch ist die Frage nach dem weiteren Vorgehen bezüglich der Bewerbung zum Ende des Gesprächs nicht zu vergessen.

Verabschiedung

Die Konzentration am Ende eines Gesprächs sollte immer noch so vorhanden sein, wie am Beginn. Man bleibt bis zum Schluss freundlich und verabschiedet sich ebenso, wie man am Beginn alle begrüßt hat. Der Eindruck auch beim Abschied zählt.

Nachbearbeitung

Ein Vorstellungsgespräch sollte man aus mehreren Gründen auch gut nachbereiten. Es könnte z.b. zu einem zweiten Vorstellungsgespräch kommen, falls das Unternehmen mehrere Runden geplant hat. Ausserdem kann man dann eine Selbstanalyse durchführen, wenn eine Absage kommen sollte, um herauszufinden, was man beim nächsten Mal besser machen kann.

Mann sollte sich notieren:
Namen von Ansprechpartnern
Eindruck vom Unternehmen
Anforderungen
Überraschende Fragen
Verbesserungsmöglichkeiten
Einstellungstest

Ein zweites Vorstellungsgespräch

Häufig kommt es zu einem zweiten Vorstellungsgespräch nach einer Vorauswahl. Dann erst einmal herzlichen Glückwunsch, denn Sie haben bereits eine Hürde genommen. Das zweite Gespräch sollte man genauso ernst nehmen, wie das erste. In diesem Fall kann es nur sein, dass viel mehr fachliche Fragen gestellt werden.

Nachfragen beim Arbeitgeber

Sollte man längere Zeit nichts über seine Bewerbung hören, kann man gegebenenfalls nachfragen. Dies sollte unbedingt höflich und geduldig geschehen.
Aber auf keinen Fall vor Ablauf eines Monats nachfragen, das wäre sonst kontraproduktiv.

Man kann auf zwei Arten nachfragen:
→ Schriftlich
→ Telefonisch

Schriftliche Nachfrage:

Wenn man schriftlich nachfragt, kann man das kurz per Brief oder Email tun. Man sollte dort noch einmal kurz das Interesse und die Eignung für die Stelle hervorheben und noch einmal die Bereitschaft zu einem persönlichen Gespräch erklären.

Telefonische Nachfrage:

Wenn man telefonisch nachfragen will, sollte man sehr gut vorbereitet sein und auch sämtliche Bewerbungsunterlagen bei sich liegen haben. Wenn man an die entscheidende Person kommen sollte, ist das sehr wichtig. Ansonsten sollte man die gleichen Dinge wie beim schriftlichen Nachfragen hervorheben, wenn die Stelle noch nicht besetzt ist.

Reagieren auf Absagen

Leider kann es immer passieren, dass man eine Absage bekommt. Aber auch wie man darauf reagiert, kann Auswirkungen auf die weitere Zukunft haben.

Man kann eine freundliche schriftliche Reaktion an das Unternehmen schicken. Im Zweifel gefällt denen die professionelle Reaktion und man kommt für die Zukunft doch noch für das Unternehmen in Betracht.

Telefonisch kann man freundlich die Gründe erfragen. So findet man möglicherweise heraus, was nicht so gut war und was man für weitere Bewerbungen verbessern kann.

Gehaltsverhandlungen bei positiver Entscheidung

Die Gehaltsfrage ist immer ein delikater Punkt in den Verhandlungen.
Man darf weder überzogene Forderungen stellen, noch soll man zu wenig fordern.

Wichtig ist auch, die Tarife aus dem Tarifvertrag im Gedächtnis zu behalten.

Wenn die Firma ein Angebot macht, sollte man darauf achten, dass es sich mindestens im Bereich des Tarifvertrages bewegt. Das gilt auch für die Zuschläge.

Wenn man nach seinen Gehaltsvorstellungen gefragt wird, ist man mit den Tarifen aus dem Vertrag zumindest auf der sicheren Seite.

Vorschau

Genießen Sie auf den folgenden Seiten einen Vorgeschmack auf eine weitere Neuveröffentlichung von Kim Marc Alexander Weßeling, der auch im Bereich der Belletristik bereits einige Bücher veröffentlicht hat.

Kim Marc Alexander Weßeling
Der fliegende Händler –
Aus dem Schatten des Löwen
ISBN: 9783837042399

14,90 €

10. Februar 2974
Hotel „Goldener Löwe"
Baga, Savannah
Kananga Sektor
Serengeti Kombinat

Aus einer schwarzen Schweberlimousine vor dem Hotel, das einer Händlerfamilie aus dem Empire gehörte und deswegen und wegen seines eindeutigen Einrichtungsstils auch überwiegend Reisende aus dem Empire beherbergte, stieg ein uniformierter der SSK aus und betrachtete das Gebäude.

Das Hotel war eindeutig nicht im Stil des Kombinats, wo normalerweise recht eindeutig afrikanische Bauweisen und Verzierungen üblich waren. Stattdessen war es ein rot geklinkerter eckiger Festbau, der nicht die geringste Ähnlichkeit mit den gewohnten Rundbauten hatte, die mit wenigen Ausnahmen das sonstige Bild auf Savannah beherrschten.

Aber gerade deswegen war Oberst Winduku von diesem Gebäude so fasziniert. Er war zwar schon einige Male in dieser Gegend der Stadt gewesen, hatte aber noch nie die Gelegenheit, dieses fremde Gebilde näher zu beobachten.

Außerdem bekam er eigentlich nie die Gelegenheit, den Planeten zu verlassen. Und auch bevor er zum Adjutanten des Gouverneurs aufgestiegen war, hatte er als Angehöriger der SSK nie das Privileg eines Händlers genossen, das eigene Reich zu verlassen und sich die Eigenheiten und Sehenswürdigkeiten der politischen Nachbarn anzusehen.

Der Flug in ein anderes Reich war den Mitgliedern der SSK nicht gestattet. Die einzige Ausnahme bildeten die wenigen Auserwählten, die als Attachees in den Botschaften und manchen Konsulaten des Kombinats dienten. Bei ihnen handelte es sich aber ausschließlich um Mitglieder adliger Familien.

Und da er selbst aus einer einfachen Bauernfamilie stammte, waren seine Karriere und sein Aufstieg zum Oberst in einer halbwegs wichtigen Position schon als Wunder anzusehen, dass es in der SSK nicht allzu häufig gab.

Oberst Winduku zwang sich schließlich, sich von dem Anblick wegzureißen, um nicht von anderen Besuchern oder dem Personal als staunendes Kleinkind vor einem Süssigkeitenladen da zu stehen. Er straffte seine Gestalt, während er darüber nachdachte, wie fremdartig ihm wohl das Innere erscheinen würde, und setzte sich Richtung Eingangstür in Bewegung.

Winduku schritt auf die Eingangstüren zu und passierte sie mit präzisen militärischen Schritten, als ein Portier eine der Türhälften für ihn aufhielt. Dann bewegte er sich direkt zur Rezeption und versuchte die Innenausstattung des Foyers zu ignorieren. Es sah zwar alles recht fremd für ihn aus, aber einerseits war er enttäuscht. Normalerweise hätte der Oberst durch das Äußere des Gebäudes und die Geschichten, die er von Händlern über das Empire hörte, erwartete, im Innern von Luxus nahezu erschlagen zu werden.

Aber das war gar nicht der Fall. Es war zwar alles in einem sehr fremden Stil gehalten, der einem Europäer oder jemandem aus dem Empire oder der Alliance als recht häuslich und normal erschienen wäre, aber all die Holztäfelungen und gepolsterten Sitzmöbel in der Halle kamen dem Oberst ziemlich dezent vor.

Aber der Oberst hatte einen Auftrag, den er auch zu erfüllen, gedachte und daher ging er direkt zur Rezeption und erkundigte sich nach seinem Gesprächspartner, als ihn die Dame an der Rezeption freundlich anlächelte.

„Ich bin Oberst Winduku. Bitte melden Sie dem Prinzen, dass ich ihn sprechen möchte. Er erwartet mich."

Die Dame hinter der Rezeption behielt ihr Lächeln zwar bei, aber in ihren Augen zeigte sich Verwirrung.

„Den Prinzen? Es tut mir leid, Herr Oberst, aber wir haben keinen Prinzen zu Gast in unserem Haus."

Jetzt war es an Winduku, verwirrt zu sein. Aber er erholte sich rasch.

„Prinz Berger muss hier residieren, das hat er selbst gesagt."

Die Empfangsdame tippte etwas in ihrem Computer ein und blickte dann wieder auf.

„Wir haben einen Kapitän Berger unter unseren Gästen, aber keinen Prinzen."

Jetzt war der Oberst wirklich etwas durcheinander. Da immer noch der Verdacht eines absichtlichen Angriffs auf das Schiff des Prinzen bestand, machte es zwar Sinn, gewisse Sicherheitsvorkehrungen zu treffen, aber so etwas fand er auf einem befreundeten Planeten und dazu noch in einem von eigenen Patrioten geführten Hotel für mehr als übertrieben.

Aber er schüttelte nur den Kopf und schob seine Gedanken beiseite. Sollte der Prinz doch machen, was er für richtig hielt.

„Dann melden Sie mich bitte bei Kapitän Berger an."

* * *

Wenige Minuten später saß der Oberst zusammen mit Kapitän Berger und seinen Offizieren im Wohnzimmer der Suite, die der Kapitän für die Dauer seines Aufenthaltes angemietet hatte. Berger hatte sich für die Suite entschieden, da sie über mehrere Schlafzimmer verfügte und er mehr Zeit mit seinen Offizieren verbringen konnte, um die Situation zu besprechen, während der Rest der Crew, sich um das Schiff und die Reparaturen kümmern konnten. Jetzt warteten alle gespannt, welche Ergebnisse der Untersuchungen ihnen der Oberst der SSK ihnen jetzt mitteilen würde.

In den letzten Tagen hatte Fuldner den Beamten des Gouverneurs die Daten des Gefechts und schließlich auch die Aussagen aller Crewmitglieder übergeben und die Leute des Obersten hatten sich sofort an die Arbeit gemacht und Informationen von allen möglichen Stellen eingeholt.

Und da jetzt der Oberst, der die Untersuchungen geleitet hatte, bei ihnen aufgetaucht war, rechneten alle mit Ergebnissen.

Berger kam auch sofort auf das Thema zu sprechen, ohne sich mit vorherigen Floskeln aufzuhalten.

„Nun, Herr Oberst, was haben ihre Untersuchungen bezüglich des Zwischenfalls ergeben?"

Winduku setzte sich in seinem Sessel gerade hin und antwortete.

„Hoheit, lassen Sie mich bitte zuerst kurz einiges zum Ablauf der Untersuchungen sagen."

Als Alex Berger nickte fuhr er fort.

„Meine Leute haben Ihre Daten analysiert und die Aussagen Ihrer Crew mit den Sensordaten verglichen. Außerdem habe ich mehrere Anfragen bezüglich von Piratenaktivitäten im Oblivion-System an mein Oberkommando gerichtet."

Der Adjutant des Gouverneurs räusperte sich kurz.

„Diese Anfragen bestätigten meine Aussagen vom Abend des Balls. Es gab und gibt keine größeren Piratenaktivitäten mehr in diesem Gebiet, seit unsere Flotte die Gegend gesäubert hat. Das gibt uns nur leider nicht die Sicherheit auszuschließen, dass ein einzelner Pirat sich nicht doch noch in dieses Gebiet wagen würde. Andererseits gab es keinen Funkkontakt ihres Schiffes mit den Angreifern, der uns ein Motiv für einen gezielten Angriff liefern würde. Und die Konfiguration des Schiffes war nicht so ungewöhnlich, um daraus auf seine Herkunft schließen zu lassen."

Jetzt blickte der Oberst etwas betreten nach unten.

„Leider muss ich Ihnen mitteilen, Hoheit, dass wir trotz aller Bemühungen zu keinem eindeutigen Ergebnis kommen konnten. Wir können immer noch keine der beiden Alternativen ausschließen."

Er machte eine kurze Pause und fuhr dann etwas sicherer fort.

„Das Einzige, was uns ansonsten noch verblüfft hat, war das Auftauchen der *Khalid* so kurz nach Ihnen, obwohl sie ebenfalls von der *Desiderios* kamen. Eigentlich liegen ja längere Pausen zwischen den Abflugzeiten von Schiffen in dieselbe Richtung, aber das scheint nach unsere Untersuchung auch nur ein Zufall zu sein."

„Zum Glück", warf Serena Mastersen in den Raum.

„Sonst wären wir nur noch Raumschrott."

Die anderen Mitglieder der Crew stimmten ihr lauthals zu.

Als es wieder etwas ruhiger war, ergriff Berger wieder das Wort, wenn auch etwas niedergeschlagen Angesichts der Nachrichten.

„Auch wenn die Untersuchung nichts ergeben hat, danken wir Ihnen trotzdem, Herr Oberst. Sie haben alles Ihnen mögliche getan. Wir müssen jetzt halt die Augen etwas weiter offen halten, aber wir machen dann wohl weiter wie bisher."

Er holte einmal kurz tief Luft und lächelte den Offizier vor ihm dann an.

„Bitte richten Sie auch dem Gouverneur unseren Dank für seine Mühen aus. Ich würde es selbst tun, aber unser Schiff ist fast flugbereit und wir starten morgen früh."

* * *

Am nächsten Morgen waren alle wieder an Bord der *Errant Vender*. Alex hatte zwar, wie seine Offiziere, nicht allzu viel Schlaf bekommen, da sie nach dem Abschied des Obersten noch viel über die Situation diskutiert hatten, aber er war froh, endlich wieder an Bord seines Schiffes zu sein und ins All aufzubrechen.

Durch das Brückenfenster konnte er das rege Treiben auf der Landfläche rund um alle Schiffe beobachten. Die letzten Ladefahrzeuge, die die Fracht für ihr nächstes Ziel, den Planeten Corvis Minor in der Serpentia Vereinigung, brachten, waren bereits auf dem Weg zum Frachthangar seines Schiffes. Die Arbeiten würden innerhalb kürzester Zeit abgeschlossen sein.

Der *Errant Vender* waren die Schäden der vergangenen Schlacht nicht einmal mehr anzusehen. Die Techs des Reparaturdocks hatten ganze Arbeit geleistet, was aber wahrscheinlich auch der Tatsache zu verdanken war, das Ingenieur Martinez und seine BordTechs die Arbeiter des Docks keine fünf Minuten in Ruhe gelassen hatten.

Jede noch so kleine Verzögerung oder Schlamperei war augenblicklich mit einer der üblichen Schimpfkanonaden Martinez´ bedacht worden. Am Ende waren die Reparaturen dadurch sogar um einen ganzen Tag verkürzt worden, obwohl ganze Bordsysteme und riesige Sektionen der Hüllen-Panzerung ausgetauscht werden mussten. Die längste Zeit hatten aber die abschließenden Arbeiten an den Triebwerken beansprucht. Der Hyperantrieb war zwar im Oblivion-System notdürftig repariert worden, aber die Gefechtsschäden waren so stark gewesen, dass es höchstens noch ein oder zwei weitere Sprünge überstanden hätte.

Daher musste der gesamte Antrieb ausgetauscht werden.

Als Berger vor wenigen Tagen diese Hiobsbotschaft erhalten hatte, war er zum ersten Mal seit langem wieder froh über seine Herkunft und den damit vorhandenen finanziellen Rückhalt, den er besaß. Für manch anderen Handelschiffkapitän hätten die benötigten finanziellen Mittel, die zur Reparatur sämtlicher Schäden an der *Vender* nötig waren, in den Ruin getrieben und zur Aufgabe gezwungen.

Berger hingegen war in der Lage, die Kosten ohne größere Schwierigkeiten zu tragen, auch ohne seiner Crew Gehaltseinbußen zumuten zu müssen. Aber gerade diese Tatsache wäre wieder ein gefundenes Fressen für seine Kritiker unter den Händlern des Reiches gewesen. Bei einigen von ihnen herrschte ein erhebliches Unverständnis darüber, dass ein Adliger, der es nicht nötig hatte und jeden Posten beim Militär oder der Verwaltung beanspruchen konnte, sich in ihre Geschäfte einmischte.

Einerseits warfen sie ihm vor, ihnen mit dem hervorheben seines Status´ die Kunden wegzunehmen und andererseits mache er sich einfach über sie lustig, weil er denke, er könne ohne ihre jahrelange Erfahrung in dem Geschäft mithalten.

Es entsprach zwar der Tatsache, dass die meisten der anderen Handelsschiffkapitäne sich mühsam durch die Ränge zu ihrem Posten hochgearbeitet hatte und damit über erhebliche Erfahrungen verfügten, aber Alex war bis zur Geburt seines Cousins ein Leben lang auf den Thron eines der mächtigsten Reiche vorbereitet worden.

Diese Ausbildung gab ihm auch ein großes Geschick im Umgang mit Handelspartnern. Denn das war eigentlich doch leichter, als sich mit hunderten von Adligen und Bürokraten herumzuschlagen, die nur auf ihren eigenen Vorteil bedacht waren, wie es ihm einmal zugedacht war.

Außerdem hatte er jetzt die Freiheit, sich eine Beschäftigung zu suchen, die ihm Spaß machte. In einem Punkt hatten seine Kritiker Recht, er brauchte sein Geld nicht auf diese Art zu verdienen, aber so hatte er eine Beschäftigung, die er für sich persönlich als sinnvoll ansah. Und ein Leben als Handelschiffkapitän war genau das, vor allem, da er in dieser Rolle nicht auf die zuvorkommende Haltung seiner Gegenüber durch seine glückliche Geburt als Berger hoffen konnte.

Er war damit größtenteils dem höfischen Leben entflohen, das ihm noch nie wirklich angenehm war. Daher war Alex seiner Crew auch mehr als dankbar, dass sie ihn „nur" als Kapitän betrachteten und ihn entsprechend behandelten.

Während er jetzt so als Kapitän an seinem Platz saß und die letzten Arbeiten beobachtete, wurden seine Gedankengänge vom Ersten Offizier unterbrochen.

„Kapitän, der Laderaum meldet, dass die Arbeiten noch eine gute halbe Stunde in Anspruch nehmen werden."

Mit einem Grinsen, das eigentlich eher unüblich war, fuhr er fort.

„Die Startvorbereitungen auf der Brücke sind abgeschlossen. Darf ich daher vorschlagen, dass wir uns die Zeit nehmen, die neuesten Nachrichten anzusehen, um auf dem Laufenden zu sein, es ist gerade die Zeit für UnCom."

Jetzt musste auch Berger grinsen. Fuldner war eigentlich sonst kein Freund dieser Nachrichten gewesen, da sie nicht von den offiziellen Kanälen des Empire stammten, aber anscheinend hatte er mittlerweile auch einen gewissen Hang zu UnCom entwickelt.

Berger hatte noch nicht einmal wirklich genickt, da hatte Ferraud auch schon den Sensorschirm aktiviert und die korrekte Frequenz eingestellt. Denn sofort erschien das UnCom Zeichen und kurz darauf das altbekannte Gesicht Tamara Ivanovas.

Die immer adrette und sehr korrekte Sprecherin der UnCom-Nachrichten sah heute allerdings etwas nervöser und nicht ganz so professionell aus wie sonst. Sie sortierte ziemlich nervös ihre Transplex-Unterlagen, bevor sie dann zu sprechen begann.

Guten Tag meine Damen und Herren. Unser heutiges Programm muss aufgrund aktueller Nachrichten umgestellt werden. Da wir im Anschluss an die Nachrichten eine Sondersendung zu aktuellen Ereignissen bringen werden, entfallen die angekündigten Magazine.

Sie räusperte sich kurz und fuhr augenblicklich fort, noch bevor, wie sonst üblich, Bilder zu den Nachrichten im Hintergrund zu sehen waren.

Kommen wir gleich zu den Geschehnissen, die die Umstellung unseres Programms verursacht haben.

In den Territorien der Oceania-Republik, genauer gesagt in der Stadt Perth und einigen anderen Teilen des australischen Festlands ist es heute zu Ausschreitungen gekommen.

Bei diesen Worten erschienen auch endlich Nachrichtenbilder im Hintergrund der Sendung. Die Brückenbesatzung der *Errant Vender* hielt bei dem, was zu sehen war, augenblicklich den Atem an.

Auf dem Sensorschirm der Brücke konnten alle jetzt Szenen einer Straßenschlacht betrachten, die sich in Perth abspielten. Einfache Bürger bewarfen die ihnen gegenüberstehenden Polizeikräfte der Republik mit Steinen und allem, was ihnen sonst so gerade in die Finger kam.

Die Ordnungskräfte hingegen gingen mit Gummiknüppeln und Wasserwerfern auf die aufgepeitschte Meute los.

Heute Morgen um Acht Uhr hatte all das mit Demonstrationen in mehreren Landesteilen begonnen.

Ivanova musste sich anscheinend zwingen, ihre Stimme emotionslos zu halten.

Die Demonstrationen richteten sich gegen das allgemeine Waffenverbot auf der Erde. Sie warfen der Regierung der Republik vor, sich von den anderen Reichen mit der Beteuerung, niemand dürfe Waffen auf die Erde bringen, einlullen zu lassen und ihre Bürger einem möglichen Aggressor schutzlos auszuliefern. Die Regierung erwiderte daraufhin, dass es sich nunmehr seit Jahrhunderten bewährt hatte, die Erde zur Waffenfreien Zone zu erklären, und alle Reiche hätten sich daran gehalten.

Selbst die Polizeikräfte aller Reiche tragen auf der Erde keine Schusswaffen.

Ivanova reckte sich.

Was für den heutigen Tag, wie ich anmerken möchte, ein Glücksfall ist. Daher ist noch niemand ernsthaft verletzt worden.

Aber zurück. Die Demonstranten nahmen die Worte der Regierung nicht hin und begannen an mehreren Schauplätzen, die Demonstrationen zu chaotischen Straßenzügen ausarten zu lassen, die schließlich in Straßenschlachten endeten.

In Perth waren die Demonstranten bis zum Amtssitz des Gouverneurs der Oceania-Territorien der Erde marschiert und hatten sogar versucht, den Amtssitz zu stürmen.

Seitdem hat es sich an allen Schauplätzen zu heftigen Kämpfen zwischen den Demonstranten und den Ordnungskräften entwickelt, die mittlerweile sogar Wasserwerfer einsetzen, um die Massen auseinander zu bringen und die Anführer festzunehmen.

Die Bilder hinter Tamara wechselten mittlerweile durch verschieden australische Städte, die aber insgesamt alle die gleichen Bilder zeigten.

Die lokalen Regierungen der Republik haben verlautbaren lassen, dass sie allerdings damit rechnen, die Ordnung in Kürze wieder hergestellt zu haben.

Weitere Einzelheiten und Updates sehen sie in unsere Sondersendung im Anschluss an die weiteren Nachrichten.
Bei diesen Worten lehnte sich Berger zu Fuldner herüber.
„Wir sollten die UnCom-Nachrichten auf jeden Fall jetzt regelmäßig im Auge behalten. Sie wissen ja, dass wir von Corvis Minor zur Erde fliegen. Da möchte ich lieber wissen, ob uns noch mehr Überraschungen dieser Art erwarten."
Der Erste Offizier nickte.
„Werden wir, Kapitän, aber das ist Australien und wir fliegen nach Baku in die Freihandelszone, das ist ja ziemlich weit weg davon."

Der fliegende Händler –

Aus dem Schatten des Löwen

Im Buchhandel und in Onlinebuchshops

erhältlich

Vorschau

Genießen Sie auf den folgenden Seiten einen Vorgeschmack auf eine weitere Neuveröffentlichung von Kim Marc Alexander Weßeling, der auch im Bereich der Belletristik bereits einige Bücher veröffentlicht hat.

Kim Marc Alexander Weßeling
Der Drachenorden –
Das Nekron-Imperium
ISBN: 9783837041736

15,00 €

An Bord des neuen Schlachtschiffes der Behemoth-Klasse steht die Fähre von Admiral Orrik im Hangar.

Der Admiral steigt gerade, von einigen Offizieren begleitet, aus. Er wird erwartet von Captain Gaines, dem Kommandanten des neuen Behemoth-Klasse-Schlachtschiffes, der *Vendetta*.

Er salutiert vor dem Admiral, als dieser die Rampe herunter geschritten ist.

„Es ist alles zum Abflug bereit, Sir."

„Sehr gut", antwortet der Admiral.

„Lassen Sie sofort die Maschinen starten und nehmen Sie Kurs auf Guurdine, aber mit Höchstgeschwindigkeit. Der Imperator erwartet uns."

Der Admiral und Captain Gaines fahren, begleitet von den Offizieren, mit dem Röhrentransport zur Brücke im Bug des riesigen Schiffes.

Die Brücke besteht aus einem Laufsteg mit einem Graben auf jeder Seite, in denen Navigatoren, Steuermänner, Sensorcontroller und andere Funktioner des Schiffes sitzen.

An beiden Außenseiten befinden sich dann wieder Laufstege, die sich mit einer Plattform am Ende des großen Laufsteges vor dem riesigen Brückenfenster des Schlachtschiffes verbinden.

Admiral Orrik ignoriert den Admiralssessel und geht zum Brückenfenster um hinauszusehen. Er betrachtet die große Flotte von Schlacht- und Begleitschiffen um ihn herum. Captain Gaines tritt zu ihm.

„Sir, wir haben gerade Meldungen über unsere Übernahmeaktionen hereinbekommen. Alle Einheiten, die überhaupt eine realistische Chance hatten, haben ihre Ziele erreicht, bis auf Colonel Kale. Er soll das vierte Geschwader übernehmen und wird es in wenigen Minuten erreichen. Die anderen waren bereits erfolgreich und haben ihre Kommandos übernommen. Nur Commander Barnes´ Angriff ist fehlgeschlagen. Er wurde vom vorherigen Kommandeur unserer Station auf Calamar gestellt und getötet. Kein Mitglied des Kommandotrupps hat überlebt. Calamar ist also immer noch fest in der Hand der Verräter."

Der Captain überprüft kurz noch einmal seinen kleinen Handcomputer.

„Wie gerade gemeldet wird, hat der Putsch bereits begonnen, einige Stunden zu früh. Ein Großteil der Offiziere hat sich wie erwartet zu Lord Cyclon bekannt und den Berater für abgesetzt erklärt. Ich hoffe, dass Colonel Kale noch erfolgreich sein kann. Selbst mit dem vierten Geschwader auf unsere Seite ist Lord Cyclons Flotte mehr als fünfmal so stark wie unsere. Sir, aufgrund der Nachrichten sollte ich jetzt umgehend den Startbefehl geben."

Der Admiral nickt und der Captain geht zu einem Steuermann.

Er nimmt einen tragbaren Kommunikator und gibt über Interkom durch:

„Achtung, hier spricht Captain Gaines. Alles bereitmachen zum Sprung in den Hyperraum. Wir fliegen nach Guurdine, um den Imperator zu retten."

Er legt den Kommunikator zurück und geht wieder zum Admiral. Sie warten die Bestätigung des

Befehls durch die anderen Schiffe ab, dann schießt die gesamte Flotte in den Hyperraum.

In der Nähe des Planeten Tamati schwebt das vierte Geschwader der imperialen Flotte.

Eine einzelne Fähre springt aus dem Hyperraum heran und nimmt Kurs auf das Kommandoschiff des Geschwaders. Sie schwebt in den Hangar und stoppt die Maschinen.

Colonel Kale steigt, von zwanzig Kommandosoldaten, einigen Offiziere und einem Ordnungsmagier begleitet aus der Fähre. Sie machen sich auf den Weg zur Brücke.

Auf halbem Wege zur Röhrenbahn stoßen sie auf einige Soldaten der Wachmannschaft, die plötzlich das Feuer eröffnen.

Unter dem Verlust von einem Soldaten, gehen die Eindringlinge des Imperators in Deckung. Colonel Kale bespricht sich mit Captain Broone, seinem Stellvertreter.

„Verdammt, Colonel Canberra muss sich eine Leibwache zugelegt haben, die nur auf seine Befehle hört. Gewöhnliche Truppen würden nie ohne Grund auf einen imperialen Colonel schießen. Wir werden uns den Weg zur Brücke wohl freischießen müssen. Das hätte nie passieren dürfen. Captain, Sie stürmen mit der Hälfte unseres Trupps diese Bahn. Ich nehme den Rest und versuche es bei der Backbord-Röhrenbahn."

Der Captain salutiert.

„Aye, aye, Sir. Und viel Glück. Ich hoffe, wir sehen uns auf der Brücke."

Er ruft zehn Soldaten zu sich, dann laufen sie feuernd auf die Bahn zu, während der Feind weiter auf sie schießt.

Der Colonel nutzt die Ablenkung und macht sich mit dem Rest des Trupps kampfbereit auf den Weg zur anderen Bahn.

Dem Captain stellen sich plötzlich ein halbes Dutzend Soldaten in den Weg, die aus allen Rohren feuern. Zwei Männer seines Trupps fallen sofort.

Die loyalen Soldaten werfen sich hinter Wandverstrebungen in Deckung.

Der Captain gibt mit Handzeichen Anweisungen und befiehlt seinen Leuten, sich aufzuteilen. Dann stürmen sie in zwei Gruppen wieder vorwärts, mit allen Waffen feuernd, und überrennen die feindlichen Soldaten, die sich ebenfalls verschanzt hatten.

Die Feinde werden alle getötet. Die Truppen des Imperators haben bei diesem Sturmangriff nur ein Opfer zu beklagen, Captain Broone.

Corporal Gambier übernimmt das Kommando über die Truppe. Ungehindert gelangen sie bis zur Transportröhre und steigen ein.

Der Corporal wählt die Brücke an, und sofort setzt sich die Bahn in Bewegung.

Der Colonel hat mittlerweile den halben Weg über das Deck zurückgelegt, als er und seine Leute auf ein unerfreuliches Hindernis stoßen.

Etwa einhundert Meter vor ihnen steht Colonel Canberra mit mindestens zwanzig Soldaten und gibt Befehle. Die Truppen sollen mit Colonel Canberra in einer Fähre das Schiff verlassen, aber sicherlich nicht um zu kapitulieren.

Colonel Kale muss Handeln.

„Wir müssen uns aufteilen und die Verräter in die Zange nehmen. Sie sind zwar in der Überzahl, aber das hat uns doch noch nie gestört. Major Average, Sie übernehmen die linke Seite, ich die rechte. Also los."

Die beiden Trupps schieben sich zwischen Containern um die Feinde herum.

Sobald sie die feindlichen Soldaten eingekreist haben, eröffnet der Colonel sofort das Feuer. Aber nur einer der Feinde wird sofort getroffen, die anderen gehen in Deckung.

Und sie haben eine bessere Deckung als die angreifenden Soldaten des Imperators, die einige Verluste hinnehmen müssen, obwohl sie schon in der Unterzahl sind.

Aber plötzlich stürmen aus heiterem Himmel weitere Soldaten heran. Und sie eröffnen das Feuer nicht auf Colonel Kale und seine Männer, sondern auf Colonel Canberras Truppen.

Es sind einige Soldaten des Kommandotrupps unter der Führung von Corporal Gambier, unterstützt durch loyale Sicherheitstruppen der Schiffsbesatzung. Colonel Canberra und seine Männer können sich nicht lange gegen so viele Feinde behaupten und versuchen, zur wartenden Fähre durchzubrechen.

Aber sie kommen nicht allzu weit. Ein Fächer aus Laserstrahlen überzieht das gesamte Deck. Außerdem hatte der Ordnungsmagier, der Colonel Kale begleitete, all seine Kräfte dafür eingesetzt, eine magische Barriere zwischen Colonel Canberra und der Fähre aufzubauen.

Bald sind alle Soldaten der Leibwache des verräterischen Colonels niedergestreckt. Colonel Kale und seine Männer kommen aus ihrer Deckung. Corporal Gambier geht auf seinen Vorgesetzten zu.

„Ich bin froh, dass wir rechtzeitig hier eingetroffen sind, Sir. Captain Broone hat es leider nicht geschafft. Aber wir haben mittlerweile die Brücke eingenommen. Nachdem Canberra verschwunden war, sind wir nicht auf viel Widerstand gestoßen. Schlimm genug, dass er mit einem Übernahmeversuch gerechnet hat und sich eine eigene Leibwache besorgte.

Wir haben übrigens gerade eine Meldung von Admiral Orrik erhalten. Wir sollen uns sofort auf den Weg nach Guurdine machen. Unsere Flotte benötigt dort jedes verfügbare Schiff. Lord Cyclons Flotte ist fünfmal so groß wie unsere, aber wir müssen den Imperator dort herausholen. Er wird von einigen Rebellen unterstützt und hofft, noch so lange durchzuhalten, bis wir und Admiral Orriks Streitkräfte dort eintreffen."

Colonel Kale blickt erstaunt.

„Rebellen helfen dem Imperator? Also bald verstehe ich gar nichts mehr. Aber was soll´s. Lassen Sie das Geschwader sofort mit Höchstgeschwindigkeit Richtung Guurdine starten.

Ich werde die Offiziere auf ihre Posten einteilen und mich um die Verhaftung der restlichen Verräter kümmern. Senden Sie eine Erfolgsmeldung an Admiral Orrik und lassen Sie die Gefallenen hier bergen. Außerdem, gut gemacht, **Lieutenant**."

Gambier schaut seinen Colonel ob der plötzlichen Feldbeförderung groß an. Doch dann wird seine Überraschung schnell zu Freude.

„Aye, aye, Sir."

Lieutenant Gambier salutiert und verlässt das Schlachtfeld im Hangar.

Colonel Kale geht mit seinen Kommandosoldaten, die alle Offiziere waren, weswegen er sie seinem Trupp zugeteilt hatte und dem Captain die Mannschaftsdienstgrade mitgegeben hatte, zur Brücke.

Der Drachenorden –

Das Nekron-Imperium

Im Buchhandel und in Onlinebuchshops erhältlich

www.ingramcontent.com/pod-product-compliance
Lightning Source LLC
Chambersburg PA
CBHW070304230526
45470CB00002B/713